DIE ZEIT Klassik-Edition

DIE ZEIT Klassik-Edition
20 große Interpreten in 20 Bänden

Mit dem Besten aus der ZEIT,
u.a. mit Beiträgen von
Konrad Heidkamp und Nigel Kennedy

Band 9
Nigel Kennedy

Zeitverlag Gerd Bucerius GmbH & Co. KG

Impressum:

Herausgeber
Zeitverlag Gerd Bucerius GmbH & Co. KG
Pressehaus
Speersort 1
20095 Hamburg

Die ZEIT Klassik-Edition erscheint im Zeitverlag Gerd Bucerius GmbH & Co. KG.

Musikaufnahmen EMI Music Germany GmbH & Co. KG

Redaktionsleitung Volker Hagedorn
Redaktion Maren Soehring
Bildredaktion Andy Heller
Grafische Konzeption und Einbandgestaltung Ingrid Nündel
Satz und Repro Zeitverlag Gerd Bucerius GmbH & Co. KG
Druck und Bindung GGP Media GmbH, Karl-Marx-Str. 24, 07381 Pößneck
Printed in Germany
Bildnachweis Einband, Umschlag und CD Rankin (2), Judith Schlüter/EMI Classics

ISBN Gesamtreihe: 3-476-02200-5
ISBN Band 9: 3-476-02209-9

» Eigentlich sind viele klassische Musiker erstaunliche Freigeister, aber fast alle lassen sich in diese Fracks zwängen, in denen sie doch nie freiwillig rumlaufen würden. «

NIGEL KENNEDY

Inhalt

Die *Vier Jahreszeiten* von Vivaldi gehören wie auch Mendelssohns *e-Moll-Violinkonzert* zum Standardrepertoire. Das zeigt sich vor allem in der Diskografie der beiden Werke – sie wurden von nahezu allen bekannten Geigern aufgenommen. Nigel Kennedy spielte Vivaldis berühmte Sammlung von vier Konzerten 1986 und 1989 ein. *The four seasons* geriet zum legendären Sensationserfolg. Drei Millionen Exemplare wurden verkauft, so viele wie von keinem Klassikalbum zuvor. Neben zahlreichen Preisen brachte dies Nigel Kennedy auch einen Eintrag ins *Guinness Buch der Rekorde* ein. Mit einem mehr als 270 Jahre alten Werk hatte der Virtuose eines seiner künstlerischen Ziele erreicht, nämlich die Grenze zwischen E- und U-Musik aufzuheben. Kennedys Durchbruch damit verdankt sich zwar nicht zuletzt seinem durchinszenierten Image als Bürgerschreck, ebenso aber souveräner Technik und künstlerischer Intensität. Er spielt subtil bis plakativ und jederzeit spannend, unbekümmert um die Lager der „historisch" und der „modern" orientierten Interpretation barocker Musik. Auch das Mendelssohn-Violinkonzert ist wichtig für den Werdegang Kennedys. 1977 gab der junge Geiger damit sein umjubeltes Debüt in der Londoner Royal Festival Hall.

Kennedys Aufnahmen – Inhalt der CD

Antonio Vivaldi (1678–1741)
Die vier Jahreszeiten op. 8 Nr. 1–4 (1725)

Konzert Nr. 1 E-Dur „Der Frühling" RV 269
1 Allegro (3:05) **2** Largo (2:36) **3** Allegro (3:58)

Konzert Nr. 2 g-Moll „Der Sommer" RV 315
4 Allegro non molto (5:22) **5** Adagio (2:20) **6** Presto (2:43)

Konzert Nr. 3 F-Dur „Der Herbst" RV 293
7 Allegro (4:37) **8** Adagio molto (2:55) **9** Allegro (3:46)

Konzert Nr. 4 f-Moll „Der Winter" RV 297
10 Allegro non molto (3:26) **11** Largo (2:06) **12** Allegro (3:15)

Felix Mendelssohn-Bartholdy (1809–1847)
Violinkonzert e-Moll op. 64 (1844)

13 Allegro molto appassionato (13:20)
14 Andante (9:01)
15 Allegretto non troppo – Allegro molto vivace (6:39)

Gesamtspielzeit 69:51

Nigel Kennedy, Violine und Leitung; English Chamber Orchestra (1–12); Nigel Kennedy, Violine; English Chamber Orchestra, Jeffrey Tate (13–15)

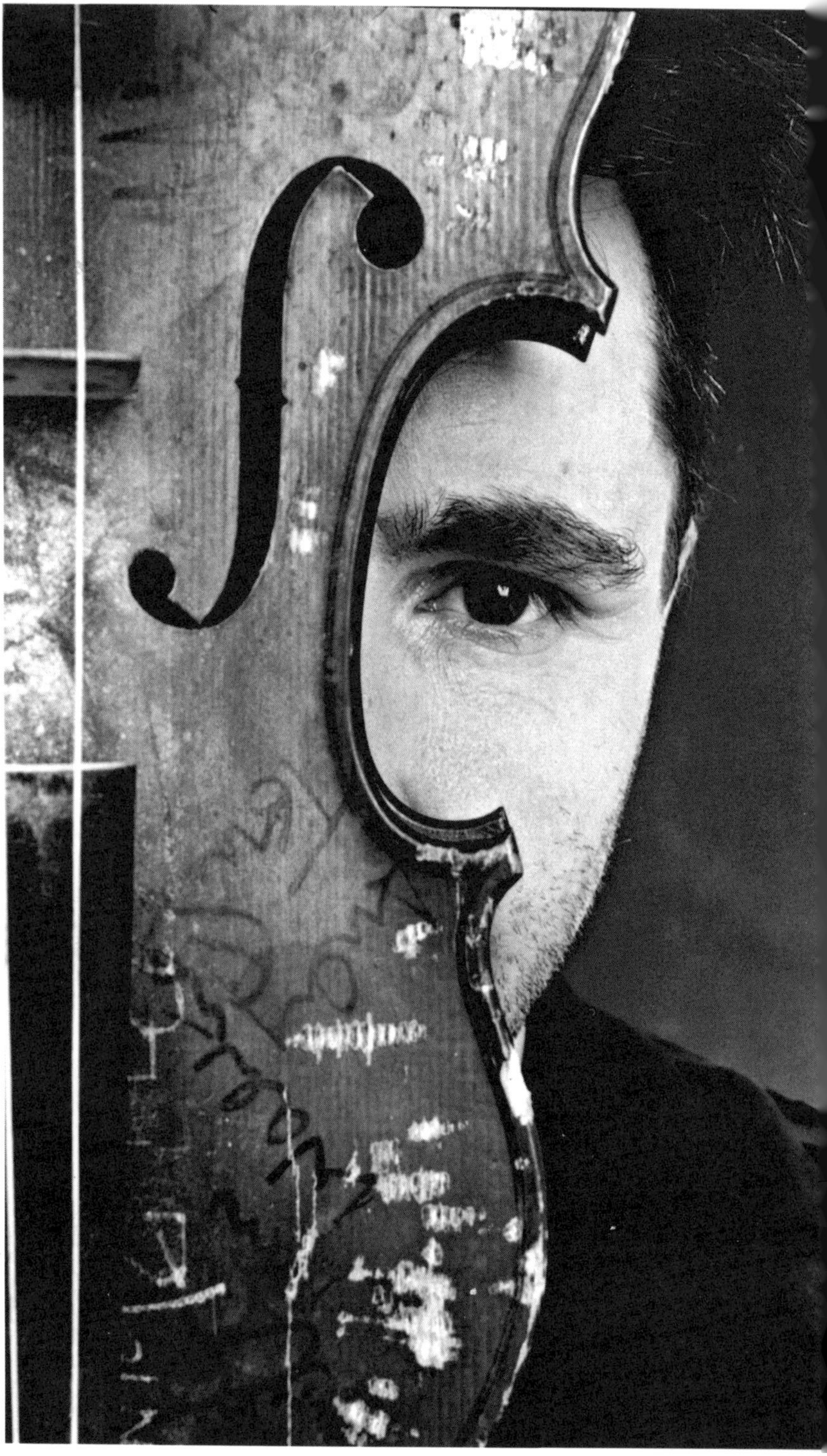

Nigel Kennedy – eine Biografie

Nigel Kennedy war schon immer ein Rebell – oder spielte einen. Der „Punk-Paganini“ erzählt gern eine Anekdote aus der Zeit, als er die Yehudi-Menuhin-Schule in der Nähe von London besuchte. Als Kennedy 13 Jahre alt ist, soll er mit Menuhin – für ihn eine Art Ziehvater – in London auftreten. Morgens sitzen beide gemeinsam am Frühstückstisch, Menuhins Frau Diana bietet Kennedy ein Müsli an. Doch der lehnt dankend ab und geht lieber in den nächsten Pub, um dort ein „vernünftiges Frühstück“ zu sich zu nehmen.

Ein Gast bittet ihn um eine Kostprobe auf der Geige und spendiert dafür ein Bier. Kennedy spielt und trinkt das Bier, spielt noch einmal und trinkt noch ein Bier und noch eins … Um elf Uhr abends weckt ihn der Wirt. Kennedy ist eingeschlafen, nachdem er noch einige Lokalrunden ausgegeben hat. Das Konzert mit Menuhin hat er verpasst.

Diese Geschichte passt zum Image des Enfant terrible, zum schnoddrigen Genie, das sich „Fiedler" nennt und sich nicht um Konventionen schert. Mit Irokesenschnitt, Dumme-Jungen-Streichen und auf der Grenze zwischen Pop und Klassik ist Kennedy berühmt geworden. 1989 gelingt ihm die Sensation: Seine Interpretation von Vivaldis *Vier Jahreszeiten* verkauft sich drei Millionen Mal. Bis heute ist es das bestverkaufte Klassikalbum aller Zeiten, Kennedy steht damit im *Guinness Buch der Rekorde.* Dass dieser Erfolg nicht allein seinem Können, sondern auch einer geschickten Marketingkampagne zu verdanken ist, hat Kennedy nie bestritten. „Natürlich gibt es ein PR-Konzept", hat er einem seiner Kritiker einmal entgegnet, „aber das hat sich danach zu richten, wer ich bin."

Der Drang, Grenzen zu überschreiten, wurzelt seiner Meinung nach in einer unglücklichen Kindheit. Er wächst allein bei seiner Mutter Scylla, einer Klavierlehrerin, auf. Als er am 28. Dezember 1956 im südenglischen Badeort Brighton geboren wird, ist sein Vater bereits in Australien und hat dort eine neue Familie gegründet. Zuvor war er Cellist beim Royal Philharmonic Orchestra in London gewesen. Als Kennedy ihn mit sechs Jahren zum ersten und einzigen Mal sieht, ist sein Vater vom Alkohol gezeichnet.

Die Musik verkörpert für Kennedy schon früh eine bessere Welt. Still sitzt er als Kind unter dem Flügel, wenn seine Mutter Unterricht gibt. Mit sechs beginnt er Geige zu spielen, mit sieben besteht er die Aufnahmeprüfung der Yehudi-Menuhin-Schule – als bis dahin jüngster Schüler des Internats überhaupt. Da seine Mutter die Schulgebühren nicht zahlen kann, verschafft ihm Menuhin ein Stipendium. Zeitweise unterrichtet er Kennedy persönlich. „Er war der gewaltigste Einfluss meiner Kindheit", sagt Kennedy.

Trotzdem verkraftet er die Trennung von zu Hause nicht. „Meine Begabung bescherte mir eine unglückliche Zeit voller Einsamkeit, Wut und Opfer", schreibt er in *Spielen ist alles,* einer Sammlung autobiografischer Essays, die 1992 erscheint. Der kleine Kennedy ist

Der Knabe und die Königin: Nigel Kennedy wird von Elisabeth II. empfangen – ein Bild aus den frühen sechziger Jahren

verschlossen, verschüchtert – aber eben auch so begabt, dass er mit 15 Jahren an die Juilliard School in New York wechselt. An diesem Konservatorium wird Kennedy von Dorothy DeLay unterrichtet, einer berühmten Geigenlehrerin, und freundet sich mit ihr an. Doch auch an der snobistischen Kaderschmiede lebt er sich nicht recht ein. „Es stinkt dort nach brutalem Ehrgeiz, nach skrupelloser Professionalität, die sich auf alles einlässt, was musikalisch Erfolg verspricht“, schreibt Kennedy später.

Um der Enge des Schulalltags zu entfliehen, spielt er als Straßenmusikant vor den Türen von Tiffany's und treibt sich bis spät in die Nacht in New Yorker Jazzclubs herum. Dort befreundet er sich auch mit dem Franzosen Stéphane Grappelli, einem bekannten Jazzgeiger der fünfziger und sechziger Jahre. „Ich habe ihn vom ersten Augenblick an zu meinem Idol erkoren", schreibt Kennedy. Und: „Er bildete für mich das Gegengewicht zur unvermeidlichen Langeweile der Schule." Grappelli überredet ihn, gemeinsam in New Yorks berühmtesten Konzertsaal, der Carnegie Hall, aufzutreten, obwohl Dorothy DeLay ihm verboten hat, Jazz zu spielen. Zwei Tage später stellt sie ihn zur Rede: „Mir ist da was zu Ohren gekommen. Hast du mir etwas zu sagen?" Kennedy verneint. E- und U-Musik, Klassik und Jazz, sind damals zwei Welten, die sich nicht vermischen dürfen.

Auch deshalb bricht Kennedy die Ausbildung vorzeitig ab und kehrt nach London zurück, wo er 1977 in der Royal Festival Hall sein Konzertdebüt feiert. Unter Riccardo Muti spielt er das e-Moll-Violinkonzert von Mendelssohn. Ein Kritiker der Zeitung *Guardian* vernimmt „einige der süßesten Geistertöne, die man sich denken kann". Kennedy tritt mit einem rot-gelben Schal auf – es sind die Farben des Fußballclubs Aston Villa. Er ist hingebungsvoller Fan des englischen Erstligisten und fährt, wann immer es geht, nach Birmingham ins Stadion.

Die Geburt des „Punk-Paganini" ist das aber noch nicht. „Lange Zeit war er der höfliche, wohlerzogene Schüler der Yehudi-Menuhin-Schule", erinnert sich der BBC-Journalist Nicholas Kenyon. Kennedy sucht Bestätigung in der Welt der klassischen Musik. 1984 nimmt er ein Album mit Kammerorchesterstücken des englischen Komponisten Edward Elgar auf. Die englische Klassikzeitschrift *Gramophone* wählt es zum Album des Jahres. Kennedy spielt mit großen Ensembles wie den Berliner Philharmonikern oder den Wiener Symphonikern; mit Simon Rattle nimmt er das *Violinkonzert* von Jean Sibelius auf. Doch parallel zu seinen ersten Erfolgen auf dem „klassischen Markt"

„Es stinkt dort nach brutalem Ehrgeiz": Mit 15 Jahren wurde Nigel Kennedy Student an der Juillard School in New York

Der Geiger Stéphane Grapelli brachte ihn zum Jazz: Nigel Kennedy 1991 während einer Session in New York

spielt er Jazz und veröffentlicht 1987 das Rock-Jazz-Album *Let Loose*. Und scheint durchaus stolz auf die Verwirrung, die er stiftet „Meine musikalische Schizophrenie“, schreibt er, „bereitete allen Kopfzerbrechen.“

Das gilt vor allem auch für sein Label. Die EMI engagiert 1988 den Musikmanager Paul Stanley, einen ehemaligen Rennfahrer, der bereits die Popgruppe Bay City Rollers betreut hat. Stanley soll für Kennedy eine Image-Kampagne entwerfen. Er ist es, der den

Stilbruch zu Kennedys Markenzeichen macht. Fortan inszeniert sich der Geiger als Bürgerschreck, der mit wilden Frisuren und zerrissenen Jeans auftritt und Klassik für ein junges Publikum spielt. Der Plan geht auf: Als 1989 die besagte Aufnahme von Antonio Vivaldis *Vier Jahreszeiten* erscheint, steigt sie in die englischen Pop-Charts ein und landet sogar auf Platz eins.

Kennedy ist der erste Klassikinterpret, der zum Popstar wird – und hat endlich seine Rolle gefunden. Er genießt die Grenzgängerei zwischen E- und U-Musik, zwischen Klassik und Pop. In Interviews vergleicht er im Cockney-Slang Jimi Hendrix mit Béla Bartók, Johann Sebastian Bach mit Blues und bezeichnet „Ludwig van" (Beethoven) als „ultimativen Punk". Die Wiener Symphoniker nennt er „Schnitzels", die Berliner Philharmoniker findet er *„monster"* – er meint das als Kompliment.

Daneben mimt Kennedy den *bad guy,* randaliert in Hotels, spuckt in einem feinen Restaurant einem Gast auf den Teller oder klebt einem Dirigenten während einer Australientournee die Partitur zu. Zwischenzeitlich ist Kennedy mit der amerikanischen Sängerin Brix Smith liiert. Er arbeitet mit Popmusikern wie Kate Bush oder Paul McCartney zusammen. Zu seinen Konzerten strömen bis zu 20 000 Fans. Kennedy verdient so viel Geld, dass er sich 1991 für 750 000 Pfund eine Guarneri von 1735 kaufen kann. Bis dahin hatte er auf einer Stradivari gespielt, die ihm ein Mäzen geliehen hatte. Im gleichen Jahr trennt er sich von Paul Stanley, dem Manager, dem er diesen Erfolg verdankt. „Ich brauche keinen künstlerischen Direktor hinter meinem Rücken", sagt er und nimmt sich ein Jahr später eine Auszeit: „In der Klassik-Interpretation stehe ich jetzt am Gipfel meiner Meisterschaft. Ich habe keine Lust, diesen Zenit zu überschreiten."

Mehrere Jahre tritt er nicht mehr in Konzertsälen auf. Er spielt in Pubs und Kneipen und geht mit einer eigenen Band auf Tour. 1996 veröffentlicht er ein Album mit eigenen Kompositionen, das er *Kafka* nennt. Die Geburt seines Sohnes Sark Yves Amadeus

verändert ihn: „Ich kann keine Drogen mehr im Haus haben, weil ich jetzt ein Kind habe." Ende der neunziger Jahre kehrt er auf die traditionellen Konzertbühnen zurück. 1998 feiert er mit den Berliner Philharmonikern unter Roger Norrington einen Erfolg mit Brahms' *Violinkonzert.* Er unternimmt Tourneen mit der Academy of St. Martin in the Fields und dem City of Birmingham Symphony Orchestra. 1999 spielt er als erster westlicher Künstler nach dem Jugoslawien-Krieg in Belgrad. Auch die Feuilletons erkennen seine musikalische Leistung, vor allem seine Ausdrucks- und Innovationskraft, inzwischen an: Kennedy dürfe, so befand die *Süddeutsche Zeitung* 2004, wegen seines meisterhaften Könnens „ungeniert über die Stränge schlagen".

Mit seinem Sohn aus erster Ehe und seiner zweiten Frau, der polnischen Juristin Agnieszka, lebt Kennedy heute abwechselnd in England und Krakau. Vor kurzem wurde er zum Künstlerischen Leiter des Polnischen Kammerorchesters ernannt – eine Position, die einst sein Mentor Yehudi Menuhin innehatte. Seitdem ist es ruhiger um ihn geworden, aber seine musikalischen Grenzgänge kultiviert er noch immer. Sein 2006 erschienenes Album *Blue Note Sessions,* auf dem Kennedy mit Bassist Ron Carter und Schlagzeuger Jack DeJohnette zusammenspielt, wird von manchen schon als „Meisterstück" gelobt. „Viele Kritiker", meint Kennedy, „haben mir vergeben. Sie denken, dass ich jetzt ein guter Junge bin, weil ich im Vergleich zu Vanessa Mae oder dem Streichquartett Bond nur halb so respektlos mit klassischer Musik umgegangen bin. Zumindest habe ich sie nicht mit Drum'n' Bass unterlegt." Über Selbstironie verfügt er eben auch.

Serge Debrebant

Kennedy mag und spielt fast alles – außer Country Music und „bescheuerten Euro-Techno-Mist"

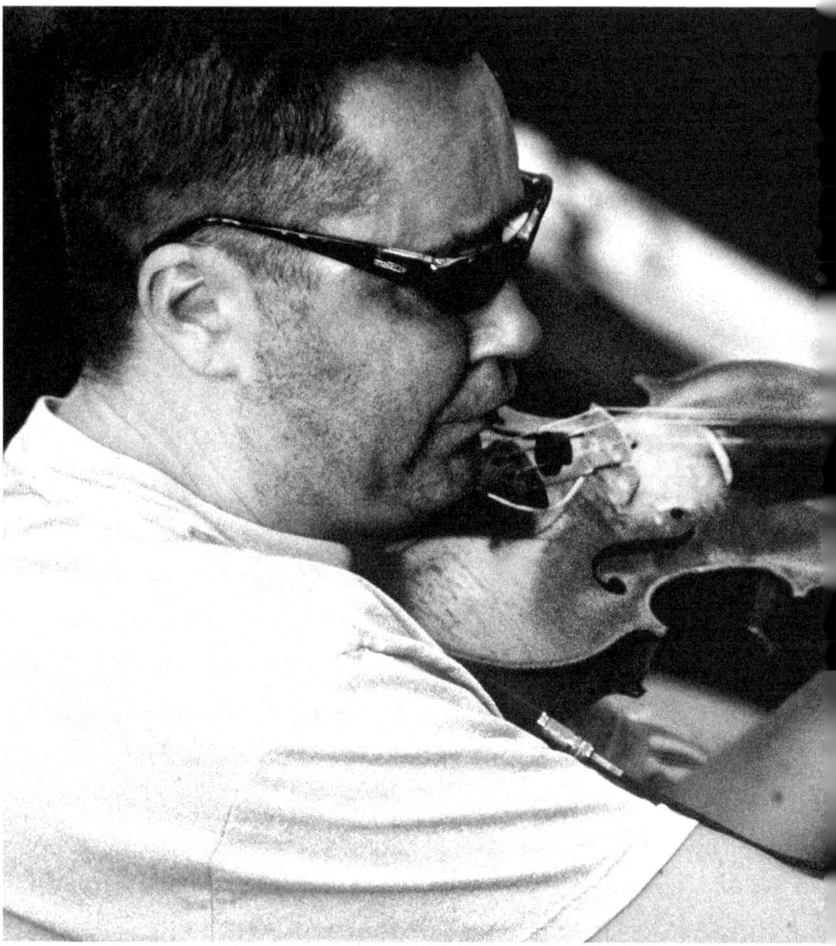

Kennedy beim Jazz 1999. Mit Mendelssohn gab er 1977 sein Debüt, Vivaldi machte ihn 1989 reich – nachzuhören auf der ZEIT-CD

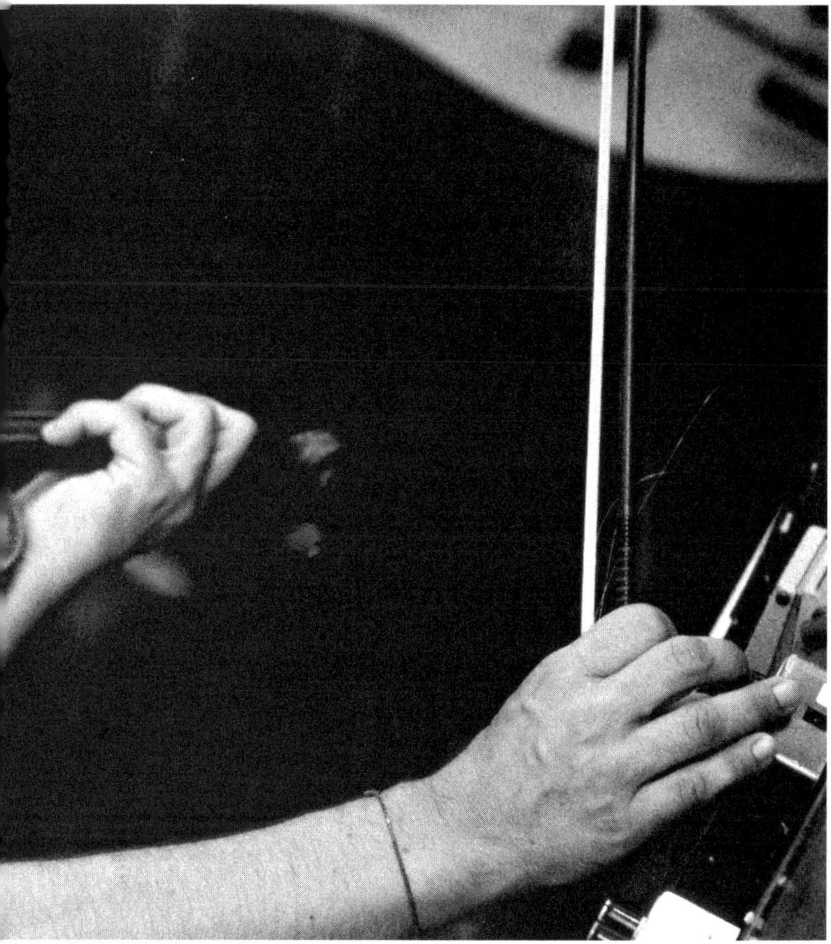

Kennedys Musik – Komponisten und Werke

Von aussen nach innen – Vivaldi, Mendelssohn und ihre Violinkonzerte

Die vier Jahreszeiten gehören zu den bekanntesten Werken der musikalischen Weltliteratur. Nahezu jeder hat das eine oder andere Motiv im Ohr oder das unverwechselbare Klangbild im Kopf. Angesichts der enormen Breitenwirkung dieser Komposition weiß man über den Komponisten erstaunlich wenig. Das Bildmaterial ist spärlich und erschöpft sich in der nichtssagenden Charakteristik einer barocken Perückentracht auf einem eher zeittypischen als personennahen Kupferstich. Daneben ist lediglich eine flüchtige Karikatur zweifelsfrei auf Antonio Vivaldi zu beziehen. Sein markantestes äußeres Merkmal überliefern nicht Abbildungen, sondern Zeitgenossen. In Venedig, der Stadt Vivaldis, war sein Familienname weniger bekannt als ein Spitzname, den der musizierende Geistliche seiner väterlicherseits vererbten Haarfarbe verdankte: *il prete rosso* – der rote Priester.

Als Sohn eines Berufsmusikers kam Antonio Vivaldi am 4. März 1678 in Venedig zur Welt. Schon früh wurde das älteste von neun Kindern auf der Geige unterrichtet, um alsbald seinen Vater bei dessen vielfältigen Orchesterdiensten in venezianischen Institutionen

Das einzige authentische Porträt Antonio Vivaldis ist diese Zeichnung von 1723, die ihn als Priester zeigt

vertreten zu können. Die Wahl des geistlichen Standes lag weniger in religiöser Neigung als in finanzieller Not begründet. Im barocken Venedig waren selbst die Sitten der Geistlichkeit lockerer als anderswo, und um ein Leben lang sicher versorgt zu sein, wählten so viele Jünglinge den geistlichen Stand, dass im 18. Jahrhundert auf 23 Venezianer und Venezianerinnen ein Geistlicher kam. Nachdem er als 15-Jähriger die ersten Weihen empfangen hatte, wurde Antonio Vivaldi mit 25 offiziell in den Priesterstand erhoben. Dieses Amt übte er jedoch nur ein Jahr lang aus. Seine Tätigkeit als Komponist, Geigenvirtuose und Lehrer für Streichinstrumente ließ ihm auch kaum Zeit zum Zelebrieren von Messen. Er komponierte und dirigierte sie stattdessen. Honorare empfing Vivaldi vor allem vom Ospedale della Pietà, einem der vier Waisenhäuser von Venedig. Diese private Institution hatte sich der vornehmlich künstlerischen Erziehung junger Mädchen verschrieben. Im Wettstreit der frommen Stiftungen leistete man sich die größten Musiker der Zeit für glanzvolle Aufführungen von Auftragswerken.

Spätestens seit 1711 (sein Opus 3 mit dem Titel *Die harmonische Eingebung* erscheint im Druck) war Vivaldi eine europäische Berühmtheit. Seine Partituren wurden fortan zumeist in Antwerpen verlegt und über den Kontinent verbreitet, bis hin nach Weimar, wo sie den jungen Bach beeinflussten. Doch bereits zu Lebzeiten hatte Antonio Vivaldi darunter zu leiden, dass der Stern seines Ruhmes zu sinken begann; schon in der nächsten Generation war der Musiker vergessen. Einige Werke Vivaldis sind zunächst nur durch die Bearbeitungen Johann Sebastian Bachs wieder bekannt geworden. Eine echte Vivaldi-Renaissance leitete erst 1926 der Fund von rund vierhundert Manuskripten ein. Antonio Vivaldi starb völlig verarmt am 28. Juli 1741 in Wien, wohin ihn die vage Hoffnung auf Anstellung am kaiserlichen Hof getrieben hatte.

Der größte Teil von Vivaldis zahlreichen Violinkonzerten und Sonaten entstand für das Ospedale. Auf diese Instrumentalwerke konzentrierte sich die späte Nachwelt, die etwa seinen über 50 Opern ungleich weniger Beachtung schenkte. Die Hälfte seiner insgesamt fast 500 Konzerte schrieb Vivaldi für Violine als Soloinstrument. Seine Errungenschaft aus musikhistorischer Sicht war es nicht zuletzt, das Solokonzert als eine Hauptform des Hochbarock zu etablieren. Dies geschieht auch im Sinne eines entscheidenden Konzepts der barocken Kunst: des Widerstreites. Auf „concertare“ – miteinander streiten – geht auch der Begriff „Konzert“ zurück: Solo gegen tutti.

Die Vier Jahreszeiten sind eigentlich vier Violinkonzerte mit jeweils drei Sätzen, jedes von ihnen mit dem Namen einer Jahreszeit übertitelt. Sie erschienen um 1725 als *op. VIII, Nr. 1–4* im Rahmen einer Druckausgabe, die den programmatischen Titel *Der Wettstreit zwischen Harmonie und Einfall* trägt und jedem der vier Konzerte ein erklärendes Gedicht, vermutlich aus der Feder Vivaldis selbst, beifügt. Einzelne Wendungen der Sonette erscheinen auch in der Partitur über dem Notentext. Es ist also auch ein Wettstreit zwischen Wort und Musik – in dem die Musik gewinnt. Denn die klingenden Bilder entwickeln ein Eigenleben weit über die Erläuterungen hinaus. Auch Jahrhunderte später versteht und empfindet man noch den Gesang der Vögel, das aufziehende und losbrechende Sommergewitter oder die klirrende Winterkälte.

Widerstreitend schildern Orchester und Soloinstrument die unterschiedlichen Stimmungen, im langsamen zweiten Satz des Winters etwa, wenn die Solostimme gemeinsam mit der Bratsche von der Geborgenheit der warmen Stube erzählt, während die übrigen Streicher den gegen die Scheibe prasselnden Eisregen realisieren. Gegensätze von Ruhe und Dramatik, von Mensch und Natur, von Intellekt und Emotion werden, ganz barock, vereint, indem sie kunstvoll gegeneinander ausgespielt werden. Die Kunst setzt sich nicht zuletzt in Konkurrenz zur Natur; sie imitiert mit Trillern und Läufen des Soloinstruments Vogelstimmen und schildert orchestrales Wasserplätschern und Blätterrauschen. Vivaldis Musik ist wie ein barockes Gemälde, erzählend beschreibend, von sinnlicher Opulenz und farbenfrohem Detailreichtum.

Das e-Moll-Violinkonzert von Felix Mendelssohn Bartholdy entsteht 120 Jahre später. In dieser Zeit hat sich Grundlegendes gewandelt – das Verhältnis der Solovioline zum Orchester etwa, dem einige Korrekturen im Geigenbau selbst vorausgegangen waren. Das wachsende bürgerliche Publikum des 19. Jahrhunderts erforderte größere Säle, und der Klang der Violine musste verstärkt werden, um vor einem Orchester zu bestehen, das ungleich aufwändiger besetzt war als im 18. Jahrhundert. Mendelssohns Instrumentierung mit zweifachen Flöten, Oboen, Klarinetten und Fagotten, zwei Hörnern, zwei Trompeten, Pauken und Streichern ist die bis dahin größte Orchesterbesetzung in einem Violinkonzert. Der klassische Aufbau in drei Sätzen wird romantisch verwischt – vor allem aber wird die Sologeige zum Subjekt, dessen Empfindungen Platz brauchen. Ein Satz dauert da im Schnitt schon so lang wie bei Vivaldi ein ganzes Konzert. Nach Barock und Klassik ist mit der Romantik eine neue Kunstepoche angebrochen, und Felix Mendelssohn Bartholdy liefert 1844 ihr erstes Meisterwerk für Violine und Orchester.

Jakob Ludwig Felix Mendelssohn Bartholdy wurde am 3. Februar 1809 in eine wohlhabende, hoch gebildete Großbürgerfamilie hineingeboren. Er war der Enkel des jüdischen Philosophen Moses Mendelssohn und schloss später, wie selbstverständlich, Bekanntschaft oder gar Freundschaft mit den künstlerischen Größen seiner Zeit: Goethe, Heine, Rossini, Meyerbeer, Cherubini, Chopin, Liszt. Von seinem Elternhaus empfing er jede Art der Förderung: Reisen führten ihn zu den wichtigsten Kunstzentren Europas, und neben seinem musikalischen Talent besaß er auch als Zeichner und Maler immense Begabung – ein universell Gebildeter par excellence. Ersten Musikunterricht erhielten Felix und seine ebenfalls hochmusikalische Schwester Fanny von ihrer Mutter. Dabei spielte die Musik J. S. Bachs eine besondere Rolle. Die Großtante der beiden Kinder war der Familie Bach persönlich verbunden. 1829 dirigierte Mendelssohn die erste Wiederaufführung der *Matthäuspassion* und leitete damit maßgeblich die Bach-Renaissance des 19. Jahrhunderts ein. Früh begann er auch eigene Werke aufzuführen. Noch vor seinem 17. Geburtstag

Das Leipziger Gewandhaus in den 1840er Jahren. Hier leitete Mendelssohn die Uraufführung seines Violinkonzerts e-Moll

schrieb er die Ouvertüre zum *Sommernachtstraum.* Berühmt wurden auch seine fünf großen Sinfonien, seine Kammermusik und die beiden Oratorien *Paulus* und *Elias.*

Er kannte Europa, und Europa kannte ihn. Vielen seiner Zeitgenossen galt Mendelssohn als der bedeutendste Komponist ihrer Gegenwart. Doch schon der nächsten Generation erschien seine Leidenschaft zu gemäßigt für ein echtes romantisches Genie, der Formensinn zu sehr dem klassischen Maß verpflichtet. Sein Respekt vor der Tradition veranlasste manche Kritiker, ihm Epigonentum vorzuwerfen. In der Rezeption Mendelssohns, so stellt der Musikwissenschaftler Friedhelm Krummacher fest, verquicken sich „unbefragte Wertungen mit antisemitischen Schmähungen zu einer trüben Mischung." Das verschärfte sich im 20. Jahrhundert: Die nationalsozialistischen Macht-haber verbannten seine Musik aus dem Repertoire.

1835 wurde Mendelssohn nach Konzerterfolgen in ganz Europa Leiter des Gewandhauses in Leipzig, in dessen Räumen er 1843 das Konservatorium, die erste Musikschule Deutschlands, gründete. Auch seinen Jugendfreund, den Geiger Ferdinand David, nahm Mendelssohn mit nach Leipzig, machte ihn zu seinem Konzertmeister und zum Lehrer am Konservatorium. Aus dieser Freundschaft entstand auch das Violinkonzert. Technische Einzelheiten besprach Mendelssohn immer wieder mit David. Das Ergebnis ist eine höchst instrumentengerechte Gestaltung, technisch leichter spielbar als die Violinkonzerte eines Beethoven oder Tschaikowski. „Ich möchte Dir wohl ein Violin-Conzert machen für den nächsten Winter; eines in e-moll steckt mir im Kopfe, dessen Anfang mir keine Ruhe lässt", schrieb im Sommer 1838 Mendelssohn an David. Dieser Anfang ist wahrhaft romantisch: Es gibt kein Orchestervorspiel, die Geige spielt sofort das Hauptthema. Und so einprägsam, so einleuchtend wie dies sind alle Erfindungen Mendelssohns in seinem Konzert.

Die Fertigstellung verzögerte sich bis ins Jahr 1844. Am 13. März 1845 wurde das Konzert mit Ferdinand David als Solist im Leipziger Gewandhaus uraufgeführt und hatte größten Erfolg. Begeistert war auch Robert Schumann, der den ebenfalls komponierenden David mit den Worten beglückwünschte: „Siehst du, da hast du jetzt das Konzert gespielt, das du eigentlich immer selber schreiben wolltest." Felix Mendelssohn Bartholdy lebte danach nur noch zwei Jahre. Er starb, tief getroffen vom frühen Tod seiner geliebten Schwester Fanny, sechs Monate nach ihr, am 4. November 1847 in Leipzig.

Jessica Jarosch

Die vier Jahreszeiten | *Vivaldis Libretto*

Frühling

Allegro: Frühlings Erwachen - Gesang der Vögel -
Die Quellen sprudeln - Donner - Gesang der Vögel

Largo e pianissimo sempre: Der schlafende Ziegenhirt -
Rascheln des Laubes und der Pflanzen - Der Hund bellt

Allegro: Ländlicher Tanz

Sommer

Allegro non molto: Mattigkeit infolge der Hitze -
Der Kuckuck - Die Turteltaube - Der Stieglitz - Sanfte Zephire -
Verschiedene Winde - Der Nordwind - Klage des jungen Bauern

Adagio - Presto: Fliegen und Brummer

Presto: Sommergewitter

Herbst

Allegro: Tanz und Gesang der Landleute - Der Betrunkene -
Der schlafende Zecher

Adagio molto: Die schlafenden Zecher

Allegro: Die Jagd - Das fliehende Wild - Flinten und Hunde -
Das fliehende Tier verendet

Winter

Allegro non molto: Erstarrendes Schauern im eisigen Schnee -
Entsetzlicher Sturm - Laufen und Trampeln mit den Füssen vor Kälte -
Winde - Zähneklappern

Largo: Regen

Allegro: Gehen auf dem Eise - Vorsichtiges und ängstliches Gehen -
Hinfallen - Forsches Voranschreiten - Der Schirokko -
Der Nordwind und alle übrigen Winde

Reportagen, Porträts, Essays und Kritiken

NIGEL KENNEDY – DAS BESTE AUS DER ZEIT

DIE ZEIT

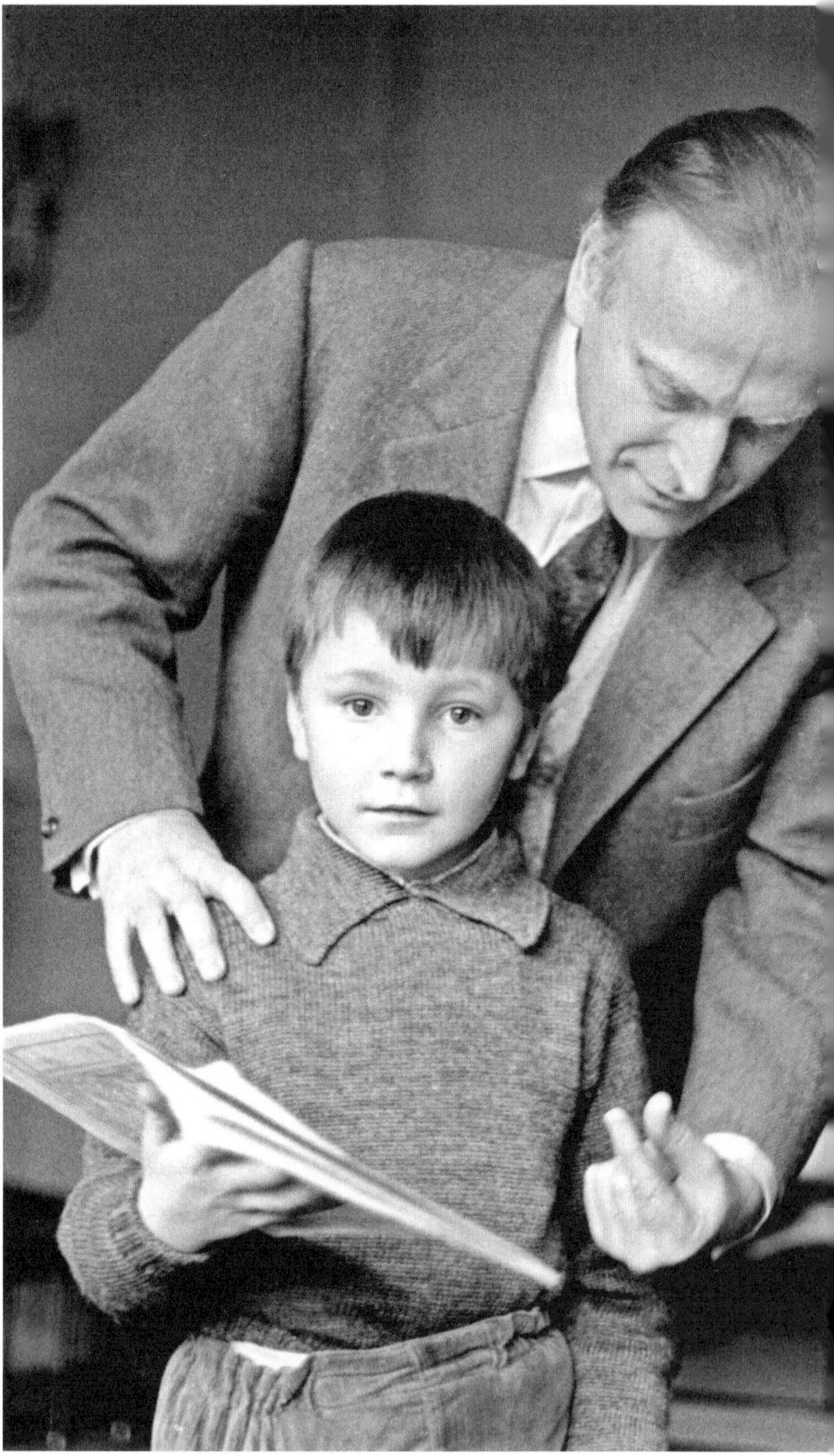

DIE ZEIT 8. März 1991, Nr. 11

Ein Rebell für Millionen

Mit den „Vier Jahreszeiten" ist Nigel Kennedy vom braven Geiger zum Popstar geworden | Von Eckhard Roelcke

Er lässt sich einfach nicht aus der Ruhe bringen. Handwerker manövrieren eine lange Leiter zwischen den Kandelabern hin und her. An der Wand werden Scheinwerfer montiert. Geschiebe und Geschimpfe, Befehle und Rufe. Im Café der Alten Oper in Frankfurt bereiten die Techniker des ZDF die *Live*-Talkshow vor. Mittendrin in dem Gewusel auch der britische Geiger Nigel Kennedy. Er probt zusammen mit einem kleinen Orchester zwei Sätze aus den *Vier Jahreszeiten* von Antonio Vivaldi.

Jeder andere Star würde in dieser Situation streiken und solche Probenbedingungen ablehnen. Nicht so Nigel Kennedy. Auch er ist jetzt, wenige Stunden vor seinem ersten Auftritt in der Bundesrepublik, ein Handwerker. Er sucht nicht nach einer neuen Vivaldi-Interpretation, er lotet keine Klänge aus oder experimentiert, um neue Effekte zu finden, sondern verständigt sich lediglich mit den Musikern, mit denen er in dieser Besetzung zum ersten Mal zusammenspielt. Er erklärt ihnen die Artikulationen einzelner

Der achtjährige Nigel Kennedy mit Yehudi Menuhin, der ihn an seine 1963 gegründete Musikerschule im Südosten Englands holte

musikalischer Phrasen; sagt, an welcher Stelle er mit seinem Bogen einen Aufstrich macht und an welcher einen Abstrich; zeigt die Töne, bei denen das Vibrato ganz dünn und zerbrechlich klingen soll; markiert den Takt, in dem ein Crescendo beginnt; demonstriert, dass die Sforzati die richtige Härte erst am Frosch bekommen. Und er stellt die Musiker auf die Probe: Ganz unvermittelt dehnt er eine Passage immer mehr – ein musikalisch unerträgliches Ritardando, das aber alle Musiker mitmachen müssen. Er hat das Sagen, die sechs Orchestermusiker müssen auf sein Spiel reagieren.

Bei dieser Probe ist Nigel Kennedy ein Pragmatiker, ohne Allüren, aber auch in seiner Konzentration ohne Zugeständnisse. Ein Fotograf der *Bild*-Zeitung möchte ihn vom Publikum aus frontal ablichten. Das akzeptiert der Geiger nicht: Während er mit seinen Musikern probt, kehrt er ihnen nicht den Rücken zu. Der Fotograf resigniert und verschwindet. Beim Soundcheck dann, der für die Musiker die Generalprobe ist, wird es ganz ruhig im Saal. Zu hören sind nur noch die gleichmäßigen Sechzehntel der Geigen und der Laute, die lang ausgehaltenen Töne der Bratsche und die gemächlichen Achtel im Cello und Kontrabass. Und über diesem idyllischen Klangteppich liegt die Melodie der Sologeige, eine viertaktige Periode und dann noch eine. Das klingt bei Nigel Kennedy überraschend unspektakulär und naiv. Das klingt nicht nach Violinkonzert mit virtuoser Attitüde, sondern nach Volksweise, schlicht und ein bisschen ergreifend.

Dann der letzte Satz aus Vivaldis „Winter", der Schluss der *Vier Jahreszeiten:* Jetzt „geht es ab", es knirscht und kracht wie brechendes Eis, einzelne Haare seines Bogens sind ausgerissen. Das sieht wild aus und klingt wild. Jetzt ist das überhaupt nicht mehr schlicht und naiv, keine kleinen Spiccato-Bewegungen des Bogens, um die schnellen Sechzehntel und Zweiunddreißigstel zu bewältigen, sondern große Bewegungen. Viel Aktion mit großen Effekten. Nigel Kennedy stampft auf den Boden und schlägt die Hacken zusammen. Attacke. Endlich ist der britische Geiger so, wie er sein muss: ein Rebell, ein Punk, ein Provokateur, ein unbändiger Geigen-Rowdy. So wollen ihn die PR-Strategen und die Medien. Und die Zuhörer. Nigel Kennedy als Zeitgeist-Rumpelstilzchen.

Er liegt gut im Markt, denn ein Musiker wie er ist neu in der Branche – ein neuer Virtuose in einem neuen Gewand. Sein Image scheint so gar nicht in die etablierte Smoking-E-Musik-Kultur zu passen: schlabbriges Jackett, Stirnband und Dreitagebart; steile Frisur, Ohrgehänge und spitze Cowboyschuhe. Und eine John-Lennon-Sonnenbrille, die er auch in dunklen Räumen nur ungern absetzt. Der Vivaldi spielende Geiger als Bürgerschreck?

Immerhin hat er nicht nur Fans in den Konzertsälen. Ihm ist es gelungen, mit den *Vier Jahreszeiten* in den britischen Pop-Charts ganz nach oben zu kommen. Der neue Kennedy hat der E-Musik ein neues Publikum erschlossen. Fast eine Million Exemplare seiner Vivaldi-Platte sind inzwischen verkauft. Das ist schon jetzt ein Rekord. Und deswegen wird er intern bei seiner Plattenfirma bereits liebevoll Mr. Guinness genannt. So einen „klassischen Freak" gab es noch nie. Und solche Umsätze mit klassischer Musik auch noch nicht. Entsprechend gierig ist auch die Öffentlichkeit. Im *Spiegel* stand noch vor seinem Auftritt in der ZDF-Talkshow vergangene Woche ein Porträt. Frech und spektakulär geschrieben, flapsig und auch ungerecht. Da wurde behauptet, der 34-jährige Kennedy sehe aus wie 24 und rede wie ein 14-Jähriger. Kleiner Haken bei der Geschichte: Der Autor ist dem Geiger bislang noch gar nicht begegnet. Er hat noch nicht mit ihm geredet, sondern seinen Text „kalt" geschrieben, um den Presserummel eröffnen zu können.

Der *stern* dagegen hätte das Urteil seines Kollegen, Kennedys geistige Verfassung sei die eines 14-jährigen, korrigieren können. Er hätte schreiben können, wie sorgfältig und gewissenhaft dieser scheinbare Rebell mit seiner Guarneri – keine Stradivari, wie es der *Spiegel* schrieb – umgeht. Aber das vereinbarte Interview wurde vom *stern* abgesagt. Denn jetzt, da die Geschichte schon im Konkurrenzblatt stand, war sie nicht mehr interessant.

Wenn Nigel Kennedy mit seinen Zuhörern Schabernack treibt, dann weiß er genau, welche Erwartungen er zu erfüllen hat, wie er seinem Image als Musikrebell gerecht werden kann. Als er in der Gesprächsrunde in der Alten Oper Otto Rehhagel erkennt, den Fußballtrainer von Werder Bremen, löst er, der bedingungslose Fußballfan, vom Griff seines Geigenkastens einen Schal mit den Emblemen seines Lieblingsvereins Aston Villa. Er geht vor den laufenden Kameras auf Otto Rehhagel zu und hängt ihm den Schal um den Hals. Schon jetzt gibt es zahlreiche Geschichten und Anekdoten von und mit Nigel Kennedy. Immer wenn er seine Guarneri-Geige dabei hat, nimmt er auch ein Hygrometer mit, um die Luftfeuchtigkeit zu messen. Ist sie zu niedrig, so lässt er, wenn er gerade in seinem Hotelzimmer ist, einfach das heiße Wasser laufen.

Über die Musik, die er macht, sagen diese Geschichten allerdings überhaupt nichts. In London hat er bei Yehudi Menuhin studiert, später dann an der Juillard-School in New York. Schon damals durchbricht er die hehren Schranken der klassischen Musik und interessiert sich für Jazz, Pop und Rock. Er spielt mit vielen U-Musikern zusammen, in Musikklubs oder für Schallplatten-Produktionen. Er hat eine eigene Band und bearbeitet die unterschiedlichste Musik für sein Instrument. So arrangierte er zum Beispiel Kompositionen von Duke Ellington, die er 1986 auf Platte einspielte: nette kleine Stück, mit konventionellen Einleitungen und konventionellen Durchführungen. Keine Frechheiten, keine Brüche. Schon gar keine Provokationen. Damals hatten ihn die PR-Strategen allerdings auch noch nicht als musizierenden Rebellen verkauft, sondern als Mutterns braven Liebling. Auf dem Plattencover ist er abgebildet mit glatten Wangen,

Frech und mehrheitsfähig:
1991 hatte Kennedy eine Million Vivaldis verkauft – schon das genügte fürs „Guinness Book"

adrett gekämmtem Haar, weißem Hemd und weißer Weste. Ein einziges Detail störte das britische Jungens-Idyll und wies bereits vage in die Zukunft: Der Zeigefinger seiner linken Hand war pinkfarben lackiert.

Sein Äußeres hat sich jetzt geändert, die Musik hingegen kaum: Die *Summertime*-Zugabe von George Gershwin, die Nigel Kennedy am Ende der Talkshow spielte, war nicht schwül oder lasziv, sondern britisch unterkühlt und glatt wie die Backe von damals. „Nummer-sicher-Jazz" von einem Musiker mit dem Image eines Rabauken.

Musikalisch ist er noch auf der Suche. Teilweise spielt er Vivaldi so aggressiv und plastisch, aber auch so klanglich überlegt-spröde, indem er Töne ohne Vibrato „zieht", als wäre er bei den Apologeten der historischen Aufführungspraxis in die Schule gegangen. Teilweise produziert er aber auch einen romantischen Gestus, mit dem er ohne weiteres mit Herbert von Karajan und den Berliner Philharmonikern einig geworden wäre. Mit dem Dirigenten Jeffrey Tate hat er Violinkonzerte von Felix Mendelssohn Bartholdy und Max Bruch und das Rondo für Solovioline und Streicher von Franz Schubert aufgenommen. Auch auf dieser Platte beweist er, dass er ein hervorragender Solist ist ohne technische Probleme und mit einem variablen Ton. Allein die makellose Interpretation klingt wie im Lehrbuch, sie berührt nicht, sie ist ohne Kennedy-eigene Impulse. Wesentlich engagierter dagegen spielt Nigel Kennedy das Violinkonzert von Jean Sibelius. Bei dieser Aufnahme hat es der Dirigent Simon Rattle geschafft, ihn zu inspirieren und mitzureißen. Noch heute schwärmt er von dieser Zusammenarbeit. Und diese Euphorie zeigt, wie wichtig für ihn musikalische Vorbilder sind, wie mühelos er da musikalische Ideen umsetzen, formale Zusammenhänge knüpfen und große Bögen spannen kann.

Und der einmalige Erfolg mit Vivaldis *Vier Jahreszeiten?* Ist der musikalisch begründet? Oder wurden bisher beinahe eine Million

Platten nur deshalb verkauft, weil die Werbestrategie so geschickt war und die Image-Kampagne auch das Pop-Zielpublikum genau ansprach? Beides trifft wahrscheinlich zu. Und wahrscheinlich ist dieser Erfolg auch nur mit dieser historisch fernen und mechanisch so eingängigen Musik möglich. Nigel Kennedy leistet sich mit den *Jahreszeiten* einige Extravaganzen: irritierende Ritardandi, überschwängliche Verzierungen, kleine Einschübe, Überleitungen zwischen den einzelnen Sätzen mit Flageoletts und Sul-ponticello-Effekten, krasse Gegensätze zwischen leisen und langsamen und schnellen und lauten Stellen, stampfende, beinahe wütende Betonungen auf den „schweren" Taktteilen.

Das alles mag extrem sein, aber unerhört, schockierend ist es deshalb noch nicht. Nigel Kennedy ist ein domestizierter Punk. Weder bei seinen Jazz- noch bei seinen Klassik-Interpretationen stößt er an die Grenzen vor. Seine Provokationen sind bloß äußerlich. Das müssen sie auch sein, denn sonst wäre der neue Geiger nicht mehrheitsfähig. Das allerdings muss er sein. Um eine Million Schallplatten verkaufen zu können.

DIE ZEIT 18. April 2002, Nr. 17

Kampfgeiger

Über das Schlabberhemd freuen sich die Leute immer noch. So muss er sein, der Nigel Kennedy. Geballte Faust zum Gruß horizontal nach vorn gestreckt, paar Sprüche, und drum herum der Tross, die braven Pinguine. *With members of Berlin Philharmonic* spielt der 45-Jährige, und was ist es diesmal vor den *Four Seasons?* Auch Vivaldi – und ganz spontan Bartók und Bach. Die schnellen Sachen möglichst schnell, der Rest findet sich. Oder auch nicht. Kennedys Intonation ist streckenweise unter aller Sau, genauer: fast einen Viertelton zu hoch, die Bogentechnik so grobschlächtig wie das Zusammenspiel des Kammerorchesters, das Ganze nuancenlos wie der Regenhimmel über Bielefelds Stadthalle. Die *Four Seasons,* formerly known as *Le quattro stagioni,* geigt er noch brutaler. Bogen als Schlagstock, pfeifendes Spiel am Steg, verwischte Details, aggressiv, nicht frei. Diese vier Vivaldi-Konzerte nähren und quälen ihn seit 13 Jahren, er wird sie nicht los, er möchte sie zerstören. Die Leute im halb vollen Saal jubeln Szenen eines Kampfes zu, den nur Vivaldi überstehen wird.

Volker Hagedorn

Gegen die Welt der Pinguine im Frack
bewaffnet sich Kennedy auch gern mit einer E-Geige –
und spielt Jimi Hendrix

Let's roll, Vivaldi!

Gereifter Punk: Der Geiger Nigel Kennedy spielt noch einmal die „Vier Jahreszeiten" | Von Wolfram Goertz

Er ist der unrasierte Bruder von Puck, dem Kobold aus dem *Sommernachtstraum.* Wie dieser fühlt er sich vergnügt, wenn alles über Kreuz läuft und die schöne Ordnung dahin ist: „Geh'n die Sachen kraus und bunt, freu ich mich von Herzensgrund." Wie Puck will er „grunzen, wiehern, bellen, brummen, flammen". Doch was macht er spät am Abend, wenn er sein schmuddeliges Elfenkostüm auszieht und kein geigender Punk-Puck mehr ist? „Dann geh'n wir Bier trinken. Komm doch mit, Mann!", bittet er den Besucher.

Nigel Kennedy ist kein Spaßvogel, sondern lustig aus Verzweiflung. Seit vielen Jahren steht er auf der Bühne mit seiner herrlichen Guarneri von 1735 und fürchtet sich davor, dass alle ihn für einen Klon halten, der in der Retorte des Musikbetriebs gezeugt wurde. Mr. Kennedy, der formvollendete Rebell, vor dem sich die Alten lustvoll fürchten und dem die Jungen unbekümmert zujubeln, weil er die ganze musikalische Vielfalt ihres Lebens bisweilen in einem einzigen Konzert abbildet. Kennedys Repertoire ist in der Tat beängstigend: Jimi Hendrix und J. S. Bach, Miles Davis und Johannes Brahms, polnische Klezmer-Weisen und Jean Sibelius, Peter Gabriel und Béla Bartók. Wien hatte einmal solche Sorge um die Würde des

Der erste Satz, Allegro non molto, aus Antonio Vivaldis Konzert „Der Sommer" in einem Druck aus dem 18. Jahrhundert

Musikvereinssaals, dass er wieder ausgeladen wurde. Und natürlich spielt er immer wieder Antonio Vivaldi, weil er vor 14 Jahren mit den *Vier Jahreszeiten* den größten Knüller der Klassikgeschichte gelandet hat (drei Millionen verkaufte Platten) und weil sein Management Rekorde nur für spannend hält, wenn sie zu toppen sind.

So holt er jetzt mit dem verkaufsfördernden Italiener („fast eine schizophrene Type") abermals zum Griff nach dem Lorbeer an der Kasse aus. Nun ist seine neuerliche Vivaldi-Erkundung auf dem Markt, darin wieder die unverwüstlichen *Vier Jahreszeiten,* doch auch die beiden nahezu unbekannten Doppelkonzerte in D-Dur RV 511 und a-Moll RV 522. Manchen Kenner schaudert's schon beim Titel: *The Vivaldi Album.*

Vor diesen Experten hat Nigel Angst, er sorgt sich bis ins Meckihaar, sie könnten ihm wieder eine nicht astreine Technik vorhalten, könnten mäkeln, dass er in keiner Kategorie 100 Prozent bringe, sondern überall nur 70, höchstens – mag er einst noch so gründlich bei Koryphäen wie Dorothy DeLay oder Stéphane Grappelli studiert haben. Aus dieser unfrohen Mathematik spricht natürlich die Skepsis gegenüber der Leichtigkeit des Grenzgängers, der sich das Visum für alle Kontrollen selbst ausstellt und es mit frivoler Musizierlust auch eigenhändig abstempelt. Wer, heulen die Türsteher am Olymp der Tonkunst, kann schon alles können?

Vermutlich findet Nigel Kennedy diese Frage absurd. Er ist von dem ebenso kindlichen wie liebenswerten Wunsch beseelt, seine vielen Passionen mit der ganzen Welt zu teilen, mit ihr in Kommunikation zu treten und seine herzhafte Mission der Aufklärung ungehindert fortzusetzen. Er will das Publikum für seine Überzeugung gewinnen, dass Qualität keine Frage der Schublade sei. Für ihn sind, Rechenkunst seines authentischen Gemüts, dreimal 70 Prozent an einem Abend mehr als die halbe Miete. Hauptsache, die Leute flippen aus. Dann kann er, der drollige Clown, versöhnt mit der Welt zu Bett gehen: Hat doch wieder Spaß gemacht.

Schrecken der Hoteliers:
Der 48-jährige Kennedy bei einer Lockerungs-
übung vor einem Auftritt in Paris

Trotzdem hat er sich für seinen neuen Vivaldi der alten Virtuosität der Berliner Philharmoniker versichert, und es muss schon von einiger Bösartigkeit angekränkelt sein, wer nicht bemerken wollte, dass sich Kennedy mit dieser Einspielung vollends aus dem Kokon seiner Jugend befreit hat. Die frühe Vivaldi-Aufnahme von 1989 war – seltsamer Kontrast zur Optik des Künstlers schon damals – sozusagen noch von Klarlack überzogen, der Schreckensmann der Galerie spielte sie zahm, fast wohlerzogen. Man hörte immer noch den Frack, den er längst nicht mehr trug.

Jetzt birst sein Vivaldi vor Farben, Phrasierungen, Stricharten: „Wir wollten einfach eine Menge Spaß miteinander haben." Zugleich hat Kennedy der historischen Aufführungspraxis, deren Errungenschaften er kritisch bewundert, den stilistisch korrekten Erlebnishunger abgelauscht, die Begeisterung für hauchend vibratolose Töne (im Frühling), für das Knirschen des Frostes, wenn der Bogen sul ponticello nahe an den Steg fährt oder derb auf die Saite schlägt (im Herbst), er riskiert jetzt abrupte Echos und füllig expressive Melodien, er kann sich aber auch zurückziehen in die Unhörbarkeit solistischer Stille, wenn der Zauber des Naturalistischen aus dem ganzen Orchester strahlt. Ja, hier spricht ein über die Jahre unbestreitbar gereifter Könner, der sich sein Vergnügen an der Arbeit nicht auf Kosten der Kunst leistet. Wer dies bezweifelt, kann sich von ihm in den kommenden Wochen die überbuchten *quattro stagioni* live präsentieren lassen: „Hey, Mann", sagt er, „in Deutschland werde ich für Vivaldi aus meinem Rollstuhl steigen. Dann geht die Schlacht wieder los." Vielleicht wird mancher danach mit Pucks Worten sagen können: „Und soweit bin ich froh, das so sich's fügt, weil diese Balgerei mich sehr vergnügt."

Die meditative dritte Sinfonie des Polen Henryk Gorecki stürmte die englischen Popcharts, das Kronos Quartett machte mit *Pieces of Africa* die erfolgreichste Streichquartettplatte aller Zeiten, Kennedys *Vier Jahreszeiten* verkauften sich drei Millionen Mal. Grund genug für die *ZEIT,* über die schwankende Grenze zwischen E und U nachzudenken.

DIE ZEIT 23. April 1993, Nr. 17

Es gibt nur gute und schlechte Musik

Schubert machte U-Musik, Ellington mochte Debussy – und dem Publikum ist die Trennung zwischen E oder U zusehends egal | Von Konrad Heidkamp

Das Publikum macht, was es will. Da hievt es aus olympischer Laune Pavarotti auf Nummer eins der englischen Hitparade, da liebt es das Kronos Quartett mit seiner Bearbeitung afrikanischer Musik *(Pieces of Africa),* kauft über 100 000 Stück und macht sie damit zur kommerziell erfolgreichsten Streichquartett-Aufnahme aller Zeiten, da steigt der klassische Komponist Henryk Gorecki in der englischen Pop-Parade auf, da finden sich Glenn Gould und Nigel Kennedy in jeder gut sortierten Plattensammlung eines Rockfans, der etwas auf sich hält. Aber was ist passiert mit dem Publikum? Lebte es im 19. Jahrhundert, würde es sich in Musikcafes, Tanzpalästen und Varietétheatern zerstreuen, sich von Entfremdung und Arbeitsteilung regenerieren und neidvoll auf Oper und Operette der müßigen Aristokratie und des kulturgeschwellten Großbürgertums schielen. Und selbst in der ersten Hälfte des 20. Jahrhunderts hätte sich nicht viel verändert – Marschmusik und Wiener Walzer, Revues und einschlagende Operettenmelodien, eine Prise verwässerter Jazz. Angebot und Nachfrage regeln den – jetzt – populären Musikmarkt, während die – inzwischen – klassische Musik hoch subventioniert zum Repräsentationsobjekt verkommt. U-nterhaltung und E-rnst, und die Trennungslinie verfestigt sich, da – L'art pour l'art und Geniekult sei Dank – der Komponist die Hörerschaft vergisst.

Keinen musikalischen Gedanken verschwenden Schönberg, Mahler oder Webern an die Bedürfnisse des verehrten Publikums, während ihre Vorläufer Liszt, Tschaikowski oder Schubert doch immer wieder der Lust frönten, dem Leichten zu dienen. Eine Musik, die im Übrigen nicht so klassisch ernst gedacht war, wie uns heute die mit hundert Mark pro Stuhl gepflegten Weiheveranstaltungen weismachen wollen.

Und das Publikum nach 45? Die klassische Moderne befindet sich im Exil, lange bevor sie ins Exil gehen musste, und bleibt dort, lange nachdem sie zurückgekehrt ist. Die klassische Klassik plätschert unbeirrt als Unterhaltungsmusik eines Bildungsbürgertums, dem das Vorzeigen wichtiger als das Zuhören wird. Und das Publikum zerschleißt sich im Glaubenskampf: Schlager gegen Rock 'n' Roll, Beat gegen Jazz, Jazz gegen Jazz, Hippie gegen Stadtneurotiker, Punk gegen Schwulst. Wo ehedem die Front zwischen Unterhaltungs- und ernster Musik verlief, herrscht jetzt das Imperium Popularum, wobei sich der klassische Troubadix in einem Dorf gallischer Ausmaße verschanzt hat (fünf Prozent des gesamten Schallplatten- und CD-Umsatzes).

Also, Triumph auf der ganzen Linie, abgesehen vom Stachel im Fleisch? Weit gefehlt, die Siegermächte bekriegen sich vordergründig, während hinterrücks neue Koalitionen entstehen. Der Jazz assimiliert die Harmonik der europäischen Moderne (Duke Ellington verehrt Debussy, Charlie Parker bewundert Hindemith, Cecil Taylor lernt Bartók, Miles Davis interessiert sich für Stockhausen) und zerfällt. Die Beatmusik erweitert ihr Instrumentarium und ihren inhaltlichen Anspruch und zerfällt. Die Rockmusik verleibt sich die Sounds des Free Jazz ein (Iggy Pop als Verehrer Coltranes, Lou Reed als Hörer Colemans) und zerfällt. Die amerikanische Minimal-Moderne beleiht die außereuropäischen Kulturen, und die außereuropäischen Kulturen zerfallen ohnehin.

Schematisch verkürzt: Jede Variante von U spaltet sich in „e“ und „u“, wie sich E seit Hunderten von Jahren in „e“ und „u“ teilte. Demgemäß spaltet sich das Publikum: Hörer 1 (U-Button-Träger) wird Benny Goodman ebenso goutieren wie Beethoven, die Beatles, Joan Baez und Philip Glass. Hörer 2 (E-Anstecknadel) liebt dafür John Coltrane wie Alban Berg wie Velvet Underground wie Bob Dylan wie Steve Reich. Dass aus der klassischen Dorfperspektive über dem Umland noch immer das verachtete Unterhaltungsbanner zu wehen scheint, dass nur wenige bemerken, dass neunzig Prozent der Dorfbewohner das Kainsmal der Unterhaltung tragen, könnte als liebenswerte Schrulle durchgehen, würde diese althergebrachte Unterscheidung nach U und E nicht weiterhin den musikalischen Alltag bestimmen.

Subventioniert wird eh wie je E-Musik – in regelmäßigem Turnus wirkungslos kritisiert –, Altersversorgung für einen musealen Kulturbetrieb, dessen Konservativismus nur von seiner Arroganz übertroffen wird. Rezensiert wird weiterhin im Schubladensystem: das Leichte mit leichter Feder (Vorkenntnisse und Information unnötig), das Schwere mit gewichtigem und Eindruck heischendem Sprachduktus, wobei Interpretationsvergleiche, musiktheoretische Analyse und Querverweise jede Frage nach Qualität und Rezeption

Der Barde als Rocker: Troubadix überschreitet – in „Asterix und die Normannen" (1967) – die Grenze zwischen E und U

überflüssig machen. Von Veranstaltern U-gestempelter Konzerte verlangt die Gema rund das Siebenfache an Abgaben wie im E-Falle. Eine bemerkenswerte Situation, wird doch jeder Musikliebhaber dem Kernsatz Leonard Bernsteins zustimmen, er kenne keine Unterscheidung von U- und E-Musik, er kenne nur gute und schlechte Musik. Also weiterhin, John Cale bleibt U-Musiker, Brian Eno bleibt U-Musiker, John Zorn, Ornette Coleman, Derek Bailey, Fred Frith bleiben U-Musiker ebenso wie Westernhagen, Jackson und Madonna. Während Philip Glass, John Adams, Arvo Pärt schlicht und per Konzertsaalbuchung und Gema-Geburt E sind wie Webern, Zimmermann und Nono.

Muss man wieder von vorn anfangen, wieder eine Definition versuchen, worin sich denn U und E unterscheiden? Rock gegenüber Pop gegenüber Schlager abgrenzen und deren gemeinsamen Nenner im Populären ausfindig machen, um E dann als nicht populär abzusetzen? Sollte man in Parallele zu Fritz Raddatz' Diktum, E-Literatur setze einen moralisch glaubwürdigen Autor voraus, Unterhaltung als Produkt korrupter und ethisch zweifelhafter Künstler verstehen oder das Ranickische Kriterium der „Langeweile" heranziehen? Oder die in Jazzkreisen so verehrte heilige Kuh der Improvisation gegen die Komposition ausspielen? Feststellen, dass ernsthafte Konzerte pünktlich um 20 Uhr beginnen, Unterhaltendes aber später, jedenfalls unpünktlich? Vielleicht doch sich auf die simple Beobachtung beschränken, bei wahrer E-Musik könne man sich nicht unterhalten nebenbei?

Das Publikum, so viel ist sicher, kümmert sich wenig darum; Kultur ist, was gefällt, eine universelle Mixtur, und die Diskussion über eine neue Grenze bleibt Feuilletonpuzzle. Die Versuchung liegt nahe, diesen neuen Graben auszuheben: zwischen der ernsten Schiene der U- beziehungsweise E-Musik und der unterhaltenden Schiene der beiden gut eingesessenen Abteile. Die leisen, meditativen Töne dem Krach des Neopunk vorzuziehen, Keith Jarretts Klavierfantasien höher einzuschätzen als das Hammerklavier eines Jerry Lee Lewis, das Kronos Quartett und alle gestylten Streicher gegen das Doo wop wop eines Dion and the Belmonts aufzurechnen. Will man – und bei solch generalisierenden Betrachtungen hat man zu wollen – einen Nullpunkt setzen, dann beginnt das Bröckeln der Grenze zwischen U und E nicht mit den deprimierenden Classic-meets-Rock-Konzepten von Emerson, Lake and Palmer, Ekseption, Deep Purple oder Friedrich Gulda, den diversen Jazzvarianten von *Play Bach* oder den vergeigten Instrumentierungen à la *Yesterday*, sondern mit den östlich orientierten, meditativ verwehenden Klängen eines La Monte Young in den fünfziger Jahren, die in der Minimalmusik eines Philip Glass, Steve Reich oder Terry Riley popularisiert wurden.

Rhythmisierte Wiederholung und Wohlklang, gestützt vom missverstandenen „Alles ist Musik"-Konzept eines John Cage und der Sehnsucht nach Stille, entsprachen – und entsprechen – einem von Rockmusik gestählten und schließlich gelangweilten Publikum eher als die mühsamen Tonsprünge einer Darmstädter Schule. Und seit Terry Rileys Grundsatzkomposition *In C* darf man auch schulterklopfend Glenn Goulds Gedanken zu Petula Clark verallgemeinern: „Der eigentliche Reiz … ist das Bedürfnis nach dem gewöhnlichen Dreiklang als Purgativ. Schließlich kann das Zentralnervensystem nur soundso viele Seiten voll persistenter Pianissimos, Akkordcluster am Rand und Tritonusschritte auf dem Vibraphon vertragen. Früher oder später wird die Diät fade, und der Patient schreit nach einem frischen Luftzug von C-Dur."

In C-Dur schwelgen, der Stille lauschen, in den Wonnen des Largo versinken – wo man sich früher dem Verdikt „Meditationsmusik" ausgesetzt hätte, darf man heute e-haft Arvo Pärt, John Adams oder Henryk Górecki genießen. Und gleichzeitig – und auf dieses gleichzeitig ist zu hören – lässt sich das Publikum auf Musiker ein, die für das Gegenteil von Klarheit, Ruhe und getragenem Tempo stehen. Musiker, die dem System der ausufernden Länge und Wiederholung das Prinzip der Verknappung und Verdichtung entgegensetzen, Musiker, die in den sechziger Jahren aufwuchsen und – wie ihr

Publikum – sich für alle Arten von Musik interessieren – vorbehaltlos, gleichberechtigt, Platte für Platte. Oder, wie es John Zorn, führender Exponent dieser Richtung, formuliert: „Die Schallplattenrevolution hat Musiker wie mich überhaupt erst möglich gemacht … Das Spektrum reicht von Free Jazz, John Cage und klassischer Moderne wie Harry Partch, Stockhausen und Kagel bis zu ethnischer Musik aus aller Welt, Soul, Blues, Country und Western. Nicht zu vergessen die Film-Soundtracks." Und so collagieren sie Genres, verwirklichen die Gleichrangigkeit aller Materialien, nehmen alles „ernst" und heben damit auf ihre Weise die Trennung von U und E auf. Nur, laut Gema noch immer U-gestempelt, leben sie damit im kaum subventionierten Niemandsland, wahre EU-Musiker, denen nur eines fehlt: die finanzielle Segnung der Tonalität.

Eine „Schule" ist das nicht, doch eher eine Arbeitsgemeinschaft, ein *„pool of players"* (J. Zorn), in immer neuen Kombinationen sich treffend, kurzfristig Gruppen, Projekte gründend, um sich dann wieder zu trennen. Und da tauchen sie immer wieder auf: John Zorn, Arto Lindsay, Fred Frith, Marc Ribot, John Lurie, Mark Feldman, David Moss, Elliott Sharp, Christian Marclay, das Soldier Quartet, veröffentlichen Platten und CDs, die sowohl von der traditionellen E- wie U-Rezeption ignoriert werden. Und doch verkörpern sie nur konsequent, was sich seit Mitte der siebziger Jahre auch im U-Sektor abzuzeichnen begann – die Flucht vor dem Prinzip Langeweile.

Ob David Bowie oder Peter Gabriel, John Cale oder Robert Fripp, David Byrne, Elvis Costello, Brian Eno, sie alle verabschiedeten sich von den Begrenzungen einer festen Band, vom geradlinigen Rock – obwohl sie immer wieder nach Hause zurückkehrten –, assimilierten, was Klang und Schall hatte, gruben in ihrer eigenen Vergangenheit und vor allem führten sie ihr Publikum rattenfängergleich zu neuen Ufern (oder in tiefe Abgründe). Jetzt wartet dieses „neue Publikum" nicht mehr darauf, dass Plattenfirmen und Musikzeitschriften neue Stars und Gruppen wie Karnikkei aus dem Zylinder hervorzaubern, es sucht selbst. Pop-Publikum und Pop-Musiker sind gemeinsam erwachsen geworden, Hand in Hand, identisch. Und in diesem Sinne ist das Verschwinden der Grenze zwischen U und E Sache eines Publikums, das sich von Platte zu CD vortastet, musikalischen und personellen Verästelungen folgt, neue Musik entdeckt, die in Ansätzen, Verweisen, in der alten, bekannten anklang. Von David Bowie beispielweise zu Brian Eno, von dort zu Gavin Bryars oder John Cale oder Evan Parker bis zu Alexander von Schlippenbach – und wo David Bowie geblieben ist, interessiert möglicherweise am Ende kaum noch jemanden. Dass sich jetzt der Fuß eines Vertreters der Postmoderne durch die Tür schiebt, scheint unvermeidlich. Vom Verlust der Authentizität murmelt er etwas, von ironischem Zitat, von frei flottierenden Klängen und Zeichen, von Simulation, vom Musiker als Konzeptionalisten, und will uns das Bild vom Supermarkt andrehen, jenem Supermarkt der ästhetischen Mittel, aus dem sich jeder bediene und den auch wir besuchen sollten.

Wir schließen die Tür. Überlegen uns, dass sich, abgesehen von wenigen Ausnahmen – vor allem dem vielbemühten John Zorn –, Komponisten und Musiker doch noch immer auf ausgewählte Produkte aus bestimmten Regalen beschränken, dass die Ironiker, Zyniker, Aufklärer der collagierten Art sich doch dankenswerterweise nach wie vor in der Minderzahl befinden, dass die Idee von den „Beutezügen durch den musikalischen Supermarkt der Moderne" (Peter Kemper) zwar einleuchtend klingt, aber nicht zutrifft. Die Minimal-Abteilung wird fast ausnahmslos von neotonalen Musikern beehrt, und zu den Regalen „Klang, Improvisation und Artverwandtes" verirrt sich selten ein Komponist der immer noch klassischen Moderne. Es ist das Publikum, das sich frei bewegt, herumschnüffelt und ausprobiert, auf Sonderangebote hereinfällt, die Auswahl trifft und an der Kasse wartet.

(Der ursprünglich unter dem Titel „Weder E noch U" erschienene Text wurde für diese Edition leicht gekürzt)

DIE ZEIT 4. April 2002, Nr. 15

Ich habe einen Traum

Von Nigel Kennedy

Ein großer Traum ist für mich die Vorstellung, dass irgendwann die vielen Vorurteile, die es in der Musikwelt gibt, verschwinden werden. In jeder Musikrichtung gibt es irgendeine Art von Snobismus, von Arroganz.

Von Leuten, die nur klassische Musik hören, bin ich zum Beispiel schon oft beschuldigt worden, zu viele Platten zu verkaufen. Jemand mit meinen Verkaufszahlen könne ja wohl kein echter Musiker sein. Teile des Publikums der klassischen Musik sind anscheinend so egoistisch, dass sie ihre Musik möglichst mit niemandem teilen wollen. Es ist für mich schwer zu verstehen, warum viele Leute sich unbedingt so abgrenzen wollen. Vermutlich denken sie, dass sie klüger erscheinen, wenn möglichst wenige begreifen, was sie da treiben. Diesen Leuten geht es um Statussymbole, nicht um Musik.

Auch in Deutschland gibt es diese Haltung, obwohl klassische Musik hier so sehr Teil der Kultur ist und so viele große Komponisten hier gelebt haben. Mir persönlich ist es in Deutschland zwar immer gut ergangen, und besonders Berlin finde ich relativ entspannt. Wenn's überall so wäre – das wäre ein Traum. Aber selbst hier werden von Musikern bestimmte traditionelle Verhaltensweisen erwartet.

Eigentlich sind viele klassische Musiker erstaunliche Freigeister, aber fast alle lassen sich in diese Fracks zwängen, in denen sie doch nie freiwillig rumlaufen würden.

Meine äußere Erscheinung, meine Haare, meine Klamotten, haben viel damit zu tun gehabt, dass ein paar neue Leute Zugang zur klassischen Musik gefunden haben. Dabei war es zuerst nur eine praktische Angelegenheit für mich: Eines Sonntagnachmittags in London merkte ich, dass ich meinen Koffer mit der Konzertgarderobe in Amerika gelassen hatte. Ich hatte an dem Abend einen Auftritt in der Festival Hall und nichts anzuziehen. Also ging ich zum Camden Market, um mir irgendwelche schwarzen Sachen zu kaufen und zog sie mir an. Nach dem Konzert sind dann so viele Leute auf mich zugekommen und sagten mir, wie toll und mutig sie es fanden, was ich da für die klassische Musik getan hatte, wie ich die Konventionen sprenge und dieses ganze Zeug. Es war nicht so geplant, aber ich merkte, wie meine Sachen als eine Art Brücke funktionierten zwischen der manchmal etwas musealen Welt der Klassik und Leuten, die sich zwar für die Musik interessieren, aber mit dem Drumherum nichts anfangen können.

Gegen die Rituale an sich habe ich überhaupt nichts: Jemanden wie Alfred Brendel zu erleben, wenn er Beethoven spielt, das ist wie eine Seance, man würde eine Nadel fallen hören, man erlebt, wie ein menschliches Wesen den Geist von Beethoven aufleben lässt – diesen Aspekt des Rituals liebe ich. Aber die reinen Formalitäten, die Verkleidungen, den ganzen Pomp, das Getue – das kann ich alles absolut nicht leiden. Diese blöden Klamotten anzuziehen und mit einem ausdruckslosen Gesicht spielen zu müssen, weil du so ein fantastischer Virtuose bist, dass du gar keine Gefühle mehr hast – das scheint mir ein Widerspruch in sich zu sein. Wenn die Gefühle dann wenigstens in der Musik zum Vorschein kämen, wäre das ja noch okay, aber oft sieht man diese strengen Leute, die genau so spielen, wie sie aussehen – genau so, wie es von ihnen erwartet wird. Solche Leute haben gar keinen Traum.

Sie tun genau das, was Träumer nicht tun: Träumer kümmern sich kein bisschen um die Erwartungen anderer Leute. Menschen, die ihren Traum träumen, mit denen passiert etwas ganz Besonderes, und man kann es in der Musik hören, die sie machen. Es ist genau das, worum es in der Musik geht. Im Moment des Träumens ist der Traum die Realität, und nichts kann sich da von außen einmischen. In Träumen gibt es eben keine Kleiderordnung. Dort treten die Leute nicht in Abendgarderobe auf. Viel wahrscheinlicher ist, dass sie nackt erscheinen.

Wo sich die Träume ins echte Leben verlagern, diese Brücke zwischen dem Unbewussten und dem Bewusstsein, die finde ich interessant. Dafür sind die Künste zuständig. Manche Kunst bedeutet nichts ohne die intellektuelle Interpretation. Wenn sie aber nur intellektuell ist, dann zählt sie für mich auch nicht. Es muss etwas Unerklärliches geben. Das ist der Schlüssel, wenn man Alfred Brendel spielen hört oder Miles Davis oder Fats Waller oder Isaac Stern. John Coltrane hat keine intellektuelle Erkenntnis gepredigt – er hat einfach jeden Tag neun Stunden lang geübt und dann am Abend fünf Stunden lang im Club gespielt. Wenn man seine Musik hört, dann weiß man: Sie hat einen intellektuellen Gehalt, und er hatte ein riesiges Herz.

Mein Traum für meine weitere musikalische Entwicklung wäre: eine Brücke zu schlagen zwischen den Genres und den Erwartungen der Leute an verschiedene Arten von Musik – ohne dass die neuen Verbindungen verkrampft, gekünstelt wirken. Die ersten Jazzrock-Fusion-Platten waren verdammt genial: *Bitches Brew* und *Spectrum,* diese ganze Ära, und Weather Report – die waren ganz weit vorn, es war eine Erforschung neuer Möglichkeiten. Mein Traum ist es, meine Erfahrungen in einer Art von Musik umzusetzen, die neu und instinktiv richtig ist. So etwas kann nur aus Träumen entstehen. Es kann nicht aus Rezeptbüchern hervorgehen: hier noch ein bisschen Salz, da noch ein bisschen Rock, und dazu noch ein bisschen Drum 'n' Bass. Fusion ist nur sinnvoll, wenn man zwei Dinge zusammenbringt, die vorher noch nicht zusammengingen. Das Ergebnis muss als Musik

68
Berliner
Philh.

funktionieren und nicht nur als eine clevere Spielerei, die dann in den klugen Zeitungen rezensiert wird. Neue Musik muss aus einer inneren Realität hervorgehen – aus einer Traumwelt.

Ich bin zwar offen für viele verschiedene Arten von Musik, aber es gibt Sachen, die ich ablehne, da bin ich alles andere als aufgeschlossen: Ich bin kein großer Fan von Country-Musik und werde es wohl nie werden. Oder von diesem bescheuerten Euro-Techno-Mist, damit will ich nichts zu tun haben. Aber es gibt immer Möglichkeiten, dazuzulernen. Ich habe mal gelesen, dass John Lennon zu manchen seiner besten Songs von Werbe-Jingles inspiriert wurde. Das hat mich sehr beeindruckt. Und manchmal höre ich selbst absolute Scheißmusik und entdecke darin etwas, aus dem ich was machen kann. Man sollte sich keiner Quelle verschließen. Wir sind alle menschliche Wesen, jede Musik ist aus dem hervorgegangen, was wir hier auf der Erde seit Millionen von Jahren erlebt haben.

In einer perfekten Welt hätte ich mehr Proben zusammen mit anderen Musikern, weniger allein. Proben machen mir Spaß. Ich reise um die Welt und bitte die Orchester, mehr zu proben. In England hassen sie mich, weil ich immer neun Stunden lang proben will. »Wozu will der Idiot so lange proben?«

Früher war bei mir das Gegenteil der Fall: Als Kind habe ich die Geige richtig gehasst. Man muss diese Fiedel aus dem Kasten holen, den Bogen spannen, die Saiten stimmen. Wenn man dann weiß, wo die Noten sein sollen, rutscht man mit seinen kleinen Fingern ab. Man legt den Bogen auf die Saiten, und es kommt so ein diabolisches Krächzen. Es ist erbärmlich und noch nicht mal richtig schön laut.

„Wenn man Musik macht, kann man ständig seinen Traum leben“: Der Geiger im Schutz eines Kontrabass-Flugkoffers

Es klingt einfach scheiße. Für kleine Kinder ist das traurig. Ich habe dann eine Weile Klavier gespielt. Später, da war ich schon Schüler bei Yehudi Menuhin, habe ich mich immer wieder geweigert zu geigen. Ich mochte es einfach nicht. Stattdessen gab es zwischen uns Schülern einen Wettbewerb darum, wer seine Geige vom höchsten Punkt aus fallen lassen konnte, ohne dass sie kaputtging. Zum Glück habe ich nie verloren. Ein anderer Junge hatte Pech, der hatte es noch ein Stückchen höher versucht als ich, der Hals rammte sich in den Bauch seines schönen Instruments, das war schon fies. Trotzdem ist es erstaunlich, was diese verdammten Dinger so aushalten.

Die ersten acht oder neun Jahre, in denen ich professionell spielte, fühlte ich immer noch eine sehr starke Ablehnung gegenüber der Geige, weil es so viel Mühe erfordert, sie richtig zu spielen. Also habe ich mir alle drei oder vier Monate eine alte Fiedel besorgt und sie zu Kleinholz geprügelt. Danach ging's mir besser.

Inzwischen spiele ich gern. Es bringt mich in einen eigenen, anderen Raum, in dem ich mich nicht mit den üblichen Problemen des Lebens beschäftigen muss. Ich muss keine beschissenen Telefonate führen, gar nichts. Das Musikgeschäft kann so nervig sein! Das Spielen selbst ist wie Urlaub. In meiner Traumwelt würde ich viel mehr spielen.

Wenn man aus einem Traum wieder aufwacht, ist das oft etwas enttäuschend. Manchmal geht es mir so, wenn ich nach ein paar Wochen nicht mehr mit den Berliner Philharmonikern auftrete und in mein normales Leben zurückkehre. Ich wache morgens auf und muss mir meine Frühstückseier selbst kochen. Ich kann nicht einfach zum Telefonhörer greifen und sagen, hey, ich spiele mit den Philharmonikern, ich will jetzt meine verdammten Eier!

Dann kann mir nur mein nächster Traum weiterhelfen. Der hat auch mit den Grenzen in der Musikwelt zu tun. Ich bin seit einiger Zeit künstlerischer Leiter eines Orchesters in Krakau. Ich träume davon, es zu einem echten Weltklasseorchester zu machen und auf diese

Weise einen guten Einfluss zu haben auf das Leben dieser tollen Leute da. Ich liebe Polen, seit ich vor neun Jahren das erste Mal da war. Die Jazzszene ist unglaublich, vielleicht nur noch übertroffen von der in den USA. Die Musiker arbeiten verdammt hart. Die haben große individuelle Träume und verwirklichen sie. Und sie haben einen kollektiven Traum, der viel stärker ist als irgendeine blöde Jobmentalität. Der Elan dieser Leute – das muss man erlebt haben.

Als ich da das erste Mal hinkam, sagte ich mir, *fuck,* ich werde hier arbeiten, egal was hier sonst so los ist. Krakau ist für mich die beste Stadt, die ich mir vorstellen kann: musikalisch, künstlerisch. Und jetzt bin ich fast jeden Monat da. Ich kann den Krakauern auf vielerlei Art helfen und sie mir. Ich wünsche mir, dass die Leute irgendwann nach Krakau fahren, um klassische Musik zu hören, so wie sie jetzt nach Prag oder Wien fahren.

Mein wichtigster Traum zuletzt: Aston Villa, der wunderbarste Fußballverein der Welt, gewinnt die Meisterschaft der gesamten Menschheit. Sie ergreifen und bewahren ihr rechtmäßiges Copyright über die Idee der Liga als solche – schließlich haben sie das Ganze erfunden, in den späten 1880ern: die erste Sportliga der Welt. Wenn wir uns mit dieser Auffassung durchsetzen können, dann können wir Tantiemen verlangen vom FC Bayern und den New York Yankees und jeder verdammten Mannschaft, die irgendwo auf der Welt in einer Liga spielt. Uns würde der gesamte Fußball gehören. Wir könnten Manchester United kaufen, es an Stockport weiterverramschen, für fünf Pfund. Beckham müsste dann versuchen, sich auf die Ersatzbank von Stockport voranzukämpfen. Das wäre richtig cool. Aston Villa könnte die irische Nationalmannschaft bilden und die Engländer in Grund und Boden spielen.

Aston Villa würde ganz New York gehören und ganz England. Aston Villa wäre die neue Staatsreligion in England. Schon jetzt sind ja in England die Kirchen leer, die Stadien voll. Kein Vaterunser kann halb so viel bewirken wie ein Sieg deiner Mannschaft. Die Ereignisse auf dem Spielfeld sind von ungeheurer Bedeutung: Ein einziger Patzer, und eine ganze Region versinkt wochenlang in Depressionen. Bei Konzerten ist das nicht so – zum Glück. In der Musik passiert dafür etwas anderes.

Wenn man Musik macht, kann man ständig seinen Traum leben. Ein Film geht zu Ende, ein Buch ist irgendwann fertig geschrieben und durchgelesen. Wenn man Bach spielt, lebt man die ganze Zeit in dem Traum dieser Musik, man teilt ihn mit den anderen Musikern und dem Publikum.

Man findet Zugang zu Gefühlen und Erfahrungen, die man sonst nirgends erleben kann außer im Traum.

Aufgezeichnet von Jürgen von Rutenberg

Bildnachweis

10 Rankin
13 David Farrell/Lebrecht Music Collection/Interfoto
15 Suzie Maeder/Lebrecht Music Collection/Interfoto
16 Jimmy Katz
18 David Crookes/EMI Classics
20-21 Maruan {photography}
22 akg-images/picture-alliance
27 Lebrecht Music Collection/Interfoto
32 David Farrell/Lebrecht Music Collection/Interfoto
37 Jimmy Katz
40 Jimmy Katz
43 Lebrecht Music Collection/TL/Interfoto
44 Eric Robert/VIP Production/Corbis
50 Les Éditions Albert René/Goscinny-Uderzo
58 Thomas Rabsch

DIE ZEIT Klassik-Edition

Musik zum Lesen und Hören

Band 01 | Yehudi Menuhin
Brahms, Bruch: Violinkonzerte
ISBN 3-476-02201-3

Band 02 | Herbert von Karajan
Sibelius: Sinfonien Nr. 2 und 5
ISBN 3-476-02202-1

Band 03 | Elisabeth Schwarzkopf
Richard Strauss: Vier letzte Lieder, Szenen aus „Der Rosenkavalier"
ISBN 3-476-02203-X

Band 04 | Sabine Meyer
Mozart und Weber: Klarinettenkonzerte
ISBN 3-476-02204-8

Band 05 | Sergiu Celibidache
Bruckner: Sinfonie Nr. 4 Es-Dur „Romantische"
ISBN 3-476-02205-6

Band 06 | Pablo Casals
Bach: Suiten für Cello solo
ISBN 3-476-02206-4

Band 07 | Martha Argerich
Schumann, Bartók, Prokofjew: Klavierkonzerte
ISBN 3-476-02207-2

Band 08 | Roger Norrington
Wagner: Vorspiele und „Liebestod"
ISBN 3-476-02208-0

Band 09 | Nigel Kennedy
Vivaldi: Die vier Jahreszeiten, Mendelssohn: Violinkonzert
ISBN 3-476-02209-9

Band 10 | Wilhelm Furtwängler
Beethoven: Sinfonie Nr. 9
ISBN 3-476-02210-2

Band 11 | Maria Callas
Wahnsinns-Szenen von Donizetti, Bellini und Thomas
ISBN 3-476-02211-0

Band 12 | Simon Rattle
Strawinsky: Le sacre du printemps, Janáček: Sinfonietta
ISBN 3-476-02212-9

Band 13 | Maurizio Pollini
Chopin: Klavierkonzert Nr. 1, Nocturnes, Balladen, Polonaisen
ISBN 3-476-02213-7

Band 14 | Jacqueline du Pré
Elgar: Cellokonzert, Brahms: Cellosonate F-Dur
ISBN 3-476-02214-5

Band 15 | Leonard Bernstein
Berlioz und Milhaud: Orchesterwerke
ISBN 3-476-02215-3

Band 16 | Alban Berg Quartett
Schubert: Streichquartette Nr. 10 und Nr. 14 „Der Tod und das Mädchen"
ISBN 3-476-02216-1

Band 17 | Dietrich Fischer-Dieskau
Schubert: Winterreise, Die Forelle, Erlkönig
ISBN 3-476-02217-X

Band 18 | Mariss Jansons
Schostakowitsch: Sinfonie Nr. 5, Klavierkonzert Nr. 1, Jazz-Suite Nr. 1
ISBN 3-476-02218-8

Band 19 | Mstislaw Rostropowitsch
Dvořák und Schumann: Cellokonzerte
ISBN 3-476-02219-6

Band 20 | Otto Klemperer
Mahler: Sinfonie Nr. 2 c-Moll „Auferstehung"
ISBN 3-476-02220-X

Gesamtreihe: Die ZEIT Klassik-Edition
ISBN 3-476-02200-5

Im Internet unter:
www.zeit-klassikedition.de